Ibrahima Abdoulaye

TOMBOUCTOU-TOOYA FARROU

Ibrahima Abdoulaye

TOMBOUCTOU-TOOYA FARROU

Les Contes de Mahamane Tindirma

Éditions Muse

Imprint
Any brand names and product names mentioned in this book are subject to trademark, brand or patent protection and are trademarks or registered trademarks of their respective holders. The use of brand names, product names, common names, trade names, product descriptions etc. even without a particular marking in this work is in no way to be construed to mean that such names may be regarded as unrestricted in respect of trademark and brand protection legislation and could thus be used by anyone.

Cover image: www.ingimage.com

Publisher:
Éditions Muse
is a trademark of
Dodo Books Indian Ocean Ltd., member of the OmniScriptum S.R.L Publishing group
str. A.Russo 15, of. 61, Chisinau-2068, Republic of Moldova Europe
Printed at: see last page
ISBN: 978-620-3-86575-2

Sommaire

Ce récit que nous raconte Mahamane Tindirma est l'histoire de la bataille de Tooya Farrou entre touaregs[1] et combattants d'une coalition régionale au nom de l'islam sous la recommandation du saint homme de Hamdallaahi, Sékou Ahmadou Hammadi Boubou. D'une part, les touaregs de la boucle du Niger, à l'époque hostiles à l'expansion de l'islam dans leur territoire, voulaient à travers cette bataille assurer leur hégémonie dans le désert et étendre leur autorité au delà des terres qu'ils occupaient. D'autre part, dans le Macina, Sékou Ahmadou avait entrepris d'instaurer la Diina, un Etat Islamique et voulait lui aussi étendre son autorité au delà de Hamdallaahi à travers des campagnes d'expéditions militaires dans le but d'islamiser les peuples encore hostiles à l'islam. Ce fut une jeune fille qui était à l'origine du déclenchement des hostilités de Tooya Farrou. La gamine eut l'infortune de tomber folle amoureuse d'un des 'apôtres' de Sékou Ahmadou, le saint Ahmadou Soumbour Koola Adoursaye. Elle avait tout fait pour séduire le saint homme, en vain. Alors, elle alla voir une vieille femme qui lui monta un plan satanique et pervers, mais unique moyen de taquiner un homme rétif aux provocations des femmes. La petite coquine exécuta le plan diabolique de la vieille femme. Et le poisson mordit l'hameçon. Alors, pour ne pas commettre le péché, Ahmadou tua la jeune fille qui avait tenté de corrompre sa foi. Dans la Diina le meurtre était un crime puni. Les caïds, juges de la Diina, avaient jugé Ahmadou d'une peine très proche de la mort. Ainsi, Sékou Ahmadou saisit l'opportunité pour faire d'une pierre deux coups : envoyer Ahmadou à Tooya Farrou combattre les puissants touaregs et purger sa peine, et du coup déclencher un jihad mobilisant tous les hommes valides de la région, de Tombouctou à Djenné pour renforcer l'hégémonie de son Etat Islamique. Le saint homme comptait sur l'adhésion totale de tous ses disciples et sympathisants à sa cause, et disposait d'une forte et redoutable cavalerie. Avec une petite cavalerie de cent hommes, Ahmadou et son griot affrontèrent plus de vingt milles combattants touaregs armés jusqu'aux dents. N'eut été le renfort que Sékou envoya, Tooya Farrou n'allait pas tomber. La bataille fut décrite comme 'Tooya Farrou djaari djeyban', 'journée festive des vautours à Tooya Farrou' en langue songhay. Une guerre qui avait fait d'innombrables victimes, de dégâts matériels, d'orphelins et de veuves respectivement dans les deux camps. En fin, Tooya Farrou tomba. Mais, des deux camps, il n'y avait pas eu de perdants ni de gagnants. Le seul vainqueur dans cette bataille était l'islam. Les combattants touaregs se convertirent à l'islam et devinrent des oulémas. D'autres intégrèrent les cavaleries de Sékou Ahmadou et participèrent au jihad pour la cause de l'islam. Peu de temps après la destruction de Hamdallaahi par le Fouta rival, les touaregs retournèrent dans leurs territoires et reconstituèrent leur hégémonie au même moment où la France entreprit la conquête coloniale du Soudan occidental.

Dr Ibrahima ABDOULAYE, Enseignant-Chercheur au DER-Anglais, FLSL/ULSHB.

Que Dieu sauve l'homme des combines des femmes!

---

[1] Le mot 'touareg' est le pluriel du mot 'targui' dans la langue kel-tamacheque. Mais, de nos jours, certains disent un touareg, des touaregs. Nous adoptons ici le vocable le plus usuel en français pour éviter des confusions.

Bamako est la plus grande ville du Mali, de Kayes à Labbezanga[2]. Ce jour, 22 Septembre 1986, est un jour de fête au Mali, c'est la journée commémorative de l'indépendance. Nous allons vous raconter la raison pour laquelle Ahmadou Sounbour Koola Adoursaye Siddiiki Alamine avait quitté Hamdallaahi pour aller au jihad à Tooya[3] Farrou[4].

L'histoire se déroulait à Hamdallaahi et à cet époque il n'y avait rien sur les lèvres des gens que 'Laa Ilaaha ill'Allaahou, Seydina Mouhamadou Rassoulillaahi'.

Tout ce que nous disons ici avait déjà été dit avant nous.

«La malédiction s'achète, la bénédiction s'achète aussi, elles se trouvent toutes deux sur le marché.»

On dit en Songhay 'Irkoy m'ir waa woy zaari!' (Que Dieu nous préserve des femmes). Ce n'est pourtant pas ce qu'il faut dire. L'on devrait dire 'Irkoy m'ir noo i ra alaafiya!' (Que Dieu nous sauve des conspirations quotidiennes des femmes). Car, l'homme ne peut pas se passer de la femme. Tout comme l'être humain ne peut pas se passer de la nourriture.

C'était une femme qui fut la principale cause pour laquelle Ahmadou Sounbour Koola Adoursaye Siddiiki Alamine quitta Hamdallaahi pour aller au jihad à Tooya Farrou.

Ahmadou était inscrit dans la célèbre école coranique appelée 'koyneedji'. C'était l'époque de la 'Diina' de Sékou Ahmadou où l'enseignement islamique était pratiqué dans des écoles coraniques appelées 'doudels'. Beaucoup de croyants y venaient répondre à l'appel à l'islam et apprendre la pratique et les principes de la religion musulmane. Ces apprentissages ne privaient personne de vaquer à ses occupations quotidiennes. Ainsi tous les disciples, bucherons, pêcheurs, cultivateurs ou éleveurs, disposaient de temps libres pour aller exercer librement leur profession.

Koolado Adoursaye, le père de Ahmadou, choisit ce 'doudel' pour son enfant à cause de leur rigueur dans l'enseignement et la pratique de l'islam. Ahmadou se montra aussitôt très disponible à apprendre et Dieu lui accorda une grande faveur en lui ouvrant toutes les voies menant à la connaissance.

---

[2] Localité frontalière entre le Mali et le Niger.

[3] Tooya est une commune dans la région de Tombouctou

[4] Farrou veut dire en songhay un grand espace, lieu de rassemblement publique.

Dans le 'doudel', chaque disciple avait un compagnon avec lequel il liait amitié. Il y avait un jeune maabo[5] dans le 'doudel' qui s'appelait Sorbo-N'Taali-Sorbo-Maabo. Par la volonté de Dieu Ahmadou fit amitié avec ce dernier. Ahmadou avait vite acquis de la connaissance. Ahmadou était un jeune homme très élégant.

Ahmadou Sounbour Koola Adoursaye était l'unique enfant que Dieu accorda à ses parents. Les koyraboros[6] appellent ce genre d'enfant 'bajjo foo', c'est-à-dire l'enfant qui n'a ni aîné, ni cadet. Mais, nous, dans notre analyse, on appelle 'bajjo' une personne qui ne comprend qu'une seule langue. Car, quand on comprend plusieurs langues, dès qu'on parle ces langues à leurs locuteurs, on devient membre de leur patrie. Donc, dans notre entendement, toute personne qui ne parle qu'une seule langue est un 'enfant unique'.

Quand Ahmadou atteignit l'âge de fonder une famille, on lui attribua un lot de terrain qu'il partagea avec son ami maabo en deux concessions séparées d'un mur central. Ensemble, ils construisirent leurs demeures et y fondèrent leurs familles respectives. Ahmadou prenait toutes les charges familiales de son ami maabo à son compte. Ce dernier faisait partie de la cavalerie dont Ahmadou avait la charge de commander. Ahmadou était un brave homme. Les koyraboros appellent les braves hommes 'assajas', c'est-à-dire celui qui n'a peur de rien. Les peulhs disent 'ardo'.

Il y avait une jeune fille à Hamdallaahi qui avait toutes les caractéristiques d'une belle femme.

«Une belle femme, dans notre analyse, a dans son corps trois parties qui sont noires, trois parties qui sont blanches, trois parties qui sont minces et trois parties qui sont grosses. Voilà les critères de beauté chez la femme noire. Les trois parties noires sont les cheveux, les yeux et les lèvres. Les trois parties blanches sont les dents, les ongles des doigts et les ongles des pieds. Les trois parties minces sont le cou, les poignets et les pieds, car ce là que le regard est porté sur la plupart de colliers et bracelets qu'elle porte. Les trois grosses parties sont les seins, les cuisses et le séant (vous me comprenez?).»

---

[5] Griot en Fulfulde.

[6] En langue Songhay, 'koyra' veut dire la ville, et 'boro' la personne. Donc 'koyraboro' signifie tout simplement le citadin, ou toute personne résidant en ville, contrairement au mot 'gandjiboro' qui veut dire nomade ou celui qui réside dans les campagnes. Aujourd'hui, le mot désigne non seulement les Songhays et tous les locuteurs songhays, mais aussi la langue et même les dialectes : koyratchini, ou koyraborosenni en lieu et place de Songhaytchini ou Songhaysenni.

«La belle femme, c'est aussi celle qui marche nonchalamment, rit doucement et parle posément. Quand elle s'apprête à se coucher, elle se met toujours sur le côté comme une cruche qu'on met sur son côté. C'est cela l'image d'une femme.»

La jeune fille tomba amoureuse d'Ahmadou d'un amour qui la rendit aveugle à tel point que chaque nuit quand elle se couchait sur l'étage de leur maison, elle faisait des nuits blanches en ne pensant qu'à lui jusqu'à l'aube.

Elle guettait les sorties d'Ahmadou pour aller le croiser sur le chemin quand ce dernier se rendait à la mosquée.

Cependant, quand Ahmadou sortait de chez lui pour se rendre à la mosquée, dès qu'il franchit le seuil de sa porte, il ne levait le regard sur personne jusqu'à son entrée dans la mosquée. De même, quand il quittait la mosquée pour se rendre à la maison, il ne regardait personne, il marchait toujours les yeux baissés jusqu'à sa demeure. Il n'y avait rien sur ses lèvres que 'Astaghafiril Laaha, Soub'haana Allaaha, wa alhandou lil Laaha, wa laa Ilaaha ila Allahou, Allahou Akbar!'. Il portait à son cou un long chapelet de quatre vingt dix neuf grains de noix de dattes sauvages enfilés en trois groupes séparés chacun par un 'seedee'. Ahmadou laissait pousser ses cheveux qui lui tombaient jusque sur les épaules.

Quand Ahmadou croisait la jeune fille, il pressait les pas pour la dépasser afin d'ignorer sa présence. Et quand la jeune fille lui lançait cordialement une salutation, Ahmadou ne répondait pas à cette provocation.

Quand Ahmadou la dépassait, la jeune fille restait immobile là où elle l'avait croisé à l'attendre jusqu'à son retour de la mosquée. Et quand celui-ci retournait, elle l'interpelait vivement par ses prénoms 'Ahmadou Soumbour Koola Adoursaye!' en vain. Ce dernier ne lui répondait toujours pas.

Naa-woy-Zeenaa-la-vieille monte sagement la combine

La jeune fille avait usé de tous ses pouvoirs de séduction pour gagner le cœur d'Ahmadou, mais elle n'avait pourtant pas réussi à séduire cet homme pieux. Alors, désespérée, elle se traina jusque chez Naa-woy-Zeena, la vieille femme qui savait tout et pouvait tout faire et dont nous avons l'habitude de vous faire l'éloge en ces termes :

Goufi n'toûni

Goufi n'toûni

Goufi-goufi n'toûni

Jina kusaw

Banda colla

Maasou kouna hew

Yirkoy g'a kour

A ga nga boŋ jaajendi

Hou waani faykaw

A ga baa nga haamaa

A si baa haamaa waani

Hal nda a hinse ka jen

Nga taamu celediyo si kaa affoo..

Les djinns disent à propos du genre de ces vieilles femmes :

Alkarsaali simanbougou

Daasi ka ɳouma

Albasar naaga biiga

Kowkow saayan bée

ɳoŋmor mi taa houlo

Boolo si ma dabo

Saasaa namom kouɳan bali

Kouna beli na kouɳan bali

Sollaaré.

La jeune fille vint chez la vieille femme et lui dit :

- Grand-mère, je suis venue solliciter ton aide afin que je …
- Hé, arrête s'il te plait! Ne vois-tu pas que j'ai déjà fermé ma case et je suis sur le point d'aller en ville.
- Grand-mère, je suis une femme, et j'ai un problème de femme. Si tu oses partir me laisser seule avec mon problème, ça c'est …
- Ah, toi aussi ma petite fille, tu sais, tu viens juste au moment où je m'apprête à aller chercher quelque chose pour…
- Wallaahi, grand-mère, si tu résous ce problème-là, je te donne douze grammes d'or pur!
- Hé-hey ! Donc, tu fais tout pour me … hé-hey! Alors, est-ce une bonne nouvelle?

«Quand tu vois quelqu'un en train de franchir un mur en grimpant pour se hisser sur le toit, ensuite sauter par terre en se tenant droitement débout, puis se renverser et se tenir debout d'un coup, toi qui l'observes, si tu n'es pas aussi doué que lui, ne t'avises pas de l'imiter en pensant que tu peux faire la même chose! Si tu essayes de l'imiter, tu te feras briser les os.»

«Toute conduite ou attitude nouvelle chez l'être humain ne dure que trois jours. Et toute conduite ou attitude qui dépasse trois jours de durée chez un individu est une habitude naturelle et non un comportement nouveau. Car, quelque soit le poids d'une charge qu'un homme peut porter sur sa tête, il ne pourra la tenir que pendant trois jours sans demander à quelqu'un de l'aider à la décharger. Mais, la charge que le Bon Dieu t'a fait portée, tu la porteras toute ta vie, et personne ne peut t'aider à la décharger si ce n'est par sa Grace!»
«Que Dieu nous préserve de toute humiliation avant la mort. Certes, la mort est une obligation à toute âme, mais l'humiliation n'est pas une obligation, mais plutôt la conséquence des actes que l'homme pose lui-même.»

La vieille femme reprit :

- Quel est donc ce problème?
- Grand-mère, je suis tombée follement amoureuse d'Ahmadou Soumbour Koola Adoursaye à tel point que je ne peux plus me contrôler. Et j'ai fait tout ce qu'une femme peut faire pour séduire un homme, mais je n'ai pas réussi à le séduire. Alors,

aide-moi, grand-mère, je veux juste qu'Ahmadou puisse me répondre quand je le salue. C'est tout ce que je veux. Je ne cherche plus qu'il me courtise encore moins qu'il m'épouse, car je sais que je ne peux plus espérer cela! Je veux seulement qu'Ahmadou m'adresse la parole quand je le salue, et que l'on échange réciproquement des salutations cordiales tous les deux ! Voilà, grand-mère, la raison de ma visite chez toi, et je t'offre douze grammes d'or.

- Toi aussi, ma petite fille! Tu sais, cet Ahmadou-là, je ne le connais pas, car nous ne sommes pas du même âge. Alors, nous sommes quel jour, aujourd'hui ?
- Aujourd'hui nous sommes Jeudi.
- Très bien! Demain Vendredi, après le premier appel à la prière, Ahmadou a l'habitude de quitter chez lui et aller au fleuve pour se laver et se purifier pour la prière de Vendredi. Alors, mets-toi à l'affut au moment où il ira au fleuve, tu sais, il y a beaucoup d'arbres à cet endroit là …

(L'endroit dont il est question se trouvait entre Sévaré et Mopti. En ce temps-là, Sévaré n'était pas encore fondé, et le site était inondé jusqu'aux champs de riz actuels qui sont maintenant arrosés par des pompes. L'actuel emplacement du marché de Sévaré servait de lieu de pêche à la ligne. Et l'emplacement actuel de la mosquée de Sévaré s'appelait 'Foono-goungou' c'est-a-dire «l'île des singes», et c'était là la sortie de Hamdallaahi pour aller vers Djenné.)

- … Tu restes à l'affut et tu guettes Ahmadou jusqu'à ce qu'il finisse de se laver. Tu attends encore. Car, quand Ahmadou regagne la berge, il s'assied juste au bord de l'eau pour faire ses ablutions. C'est alors que tu viens, ma petite fille. Tu te débarrasseras d'abord de tous tes habits sans exception, et ne mets tes mains nulle part pour cacher quoique ce soit. Tu entres dans l'eau toute nue et tu viens te pointer juste à quelques pas devant Ahmadou. Tu es assez jeune et très belle.

  Alors, debout devant lui, tu danses, tu agites l'eau et tu l'asperges sur ton corps sans arrêt. Tu feras face à Ahmadou étant dans l'eau à un niveau qui laisse apparaître toute ta nudité. La nudité d'une jeune fille aussi belle et charmante que toi ne laissera aucun homme indifférent. Tu fais mouvoir tout ton corps en dansant, et en faisant danser tes seins, ta longue chevelure, ton séant et même l'eau du fleuve se mettra à danser avec toi! Ainsi, si le regard d'Ahmadou tombera sur toi et qu'il ne t'adresse pas la parole, tu reviens me voir, on va changer de plan.

La jeune fille s'en alla à la maison. Le plan de la vieille lui avait tellement plu qu'elle s'en alla dormir le soir le cœur plein de joie.

Ahmadou, lui, ne pouvait pas imaginer ce que préparait cette jeune fille. Car, 'on dit que si c'est le couvercle d'une calebasse de lait qui consomme le dit lait, la laitière n'y trouvera rien à vendre'.

«Je vais vous dire trois choses paires que Dieu a créées lui-même et qui sont toujours en opposition. Dieu dit que celui qui y croit, Il l'assistera; et celui qui n'y croit pas, Il l'éprouvera. Ce sont en fait les toutes premières coépouses qui avaient cohabité ici-bas depuis que Dieu avait créé ce monde et qui sont toujours jalouses l'une de l'autre.

Dieu créa au commencement, la vie et la mort. Ces deux choses sont comme des coépouses qui sont toujours jalouses l'une de l'autre. Toute personne qui croit sincèrement que c'est Dieu qui lui a donné la vie, et que c'est Dieu qui le fera mourir, cette dernière mourra parmi les siens et il mourra dans un état de piété. Pourtant, personne n'aime mourir. La vie a vraiment horreur de la mort. Ces deux choses sont comme des coépouses qui ne s'aiment pas.

Ensuite Dieu créa la richesse et la pauvreté. Le riche n'aime pas le pauvre. Ces deux choses aussi sont comme des coépouses qui ne s'aiment pas. Toute personne qui croit sincèrement que c'est Dieu qui lui a donné la richesse, et Dieu peut le rendre pauvre, Dieu accordera à cette personne des moyens de subsistance infinis jusqu'à sa mort. Mais, si la personne n'a pas été reconnaissante envers Dieu, Il l'éprouvera jusqu'à sa mort.

En fin, Dieu créa la maladie et la santé. La santé a horreur de la maladie. Ces deux choses aussi sont comme des coépouses qui ne s'entendent pas. Toute personne malade qui croit sincèrement que c'est Dieu qui lui a donné la santé auparavant, et c'est par le fait de Dieu qu'elle a attrapé la maladie, Dieu accordera à cette personne des moyens de recouvrer la santé sans avoir à payer aucune ordonnance. Mais, si la personne ne croit pas que sa maladie est l'œuvre de Dieu, elle ira voir les médecins, les marabouts, les féticheurs, elle ira partout sans jamais recouvrer la santé. Car, là où se trouve la maladie dans le corps de l'homme, personne n'est à mesure de la voir, de même personne ne connait l'endroit dans le corps d'un malade par lequel se fait le métabolisme du recouvrement de la santé. Ceci relève seulement de la connaissance divine.»

«Il existe trois cent trois maladies que Dieu a créées. Parmi ces maladies, la première centaine est traitée par les médecins, la deuxième centaine est traitée par les marabouts et l'autre centaine est traitée par les féticheurs. Mais les trois maladies qui restent sont incurables. (Nous, Mahamane Tindirma, qui opère la langue songhay, nous n'avons pas vu de remèdes pour ces trois maladies).»

La première maladie est la vieillesse. La vieillesse est une maladie incurable. Par exemple, quelqu'un qui est très riche et qui veut rajeunir son père qui est devenu très vieux, il jette son argent par la fenêtre, car le vieux ne se rajeunit plus jamais. La vieillesse n'est pas guérissable.

La deuxième est la maladie qui précède la mort. Elle aussi est inguérissable. Si quelqu'un est atteint d'une maladie fatale, même si l'on emmène aux Etats Unis d'Amérique, il mourra. La mort n'a pas d'antidote.

La troisième maladie est l'égoïsme. L'égoïsme est un mal incurable. L'égoïste n'aime pas la réussite des autres. Chaque matin que l'égoïste sort de chez lui, il voit des choses qui ne lui appartiennent pas. L'égoïsme est un vice incorrigible.

Ces trois maladies n'ont vraiment pas de remèdes.»

Ahmadou est dans une impasse

Ahmadou ne pouvait donc pas imaginer ce que préparait cette jeune fille. Le vendredi, quand le soleil était au zénith, Ahmadou prit la direction du fleuve. Arrivé à la berge, il se préparait à accomplir le lavage rituel d'un musulman au fleuve qui ne recommandait pas de se déshabiller tout nu sur la berge avant d'entrer dans l'eau. Ce rituel consistait à enlever tous les habits sauf le petit boubou qui sert de sous vêtement. C'est avec cet sous vêtement seulement que l'on entre dans l'eau jusqu'à un niveau où l'eau cache toutes les parties honteuses du corps. Et c'est là qu'on peut enlever le petit boubou et le tenir dans une main jusqu'à la fin du lavage pour le reporter ensuite avant de remonter sur la berge. Ahmadou enleva les grands boubous et entra dans l'eau avec seulement son petit boubou à la sénégalaise appelé 'olofo-olofo' qu'il retroussa un peu. Arrivé à un niveau où l'eau peut cacher sa nudité, il ôta le petit boubou et le tint dans sa main. Quand il finit de se baigner, il remit le petit boubou sur la longueur de son corps en se tenant debout. C'était cela le rituel convenable du lavage au fleuve qui sied à un musulman.

Alors, Ahmadou remonta sur la berge et porta tous ses vêtements. La jeune fille l'observait tout ce temps à l'affut. Ensuite, il s'assit au bord de l'eau pour commencer à faire ses ablutions. Il commença par prononcer «bi'ismillaahi», le mot sacré qui sert de pièce motrice qui fait tourner tous les soixante versets du Saint Coran.

«Bi'ismillaahi» est le préalable de toute action pour le croyant. Dans une prière, si l'imam ne commence pas par «Alhamdoulillaahi», il ne fait que s'arrêter en vain, puis se baisser et s'accroupir pour soulager ses jambes fatiguées, sinon tout ce qu'il dit n'est pas valide, s'il ne commence pas par la pièce motrice qui est «bi'ismillaahi» .»

Alors, la jeune fille surgit de sa cachette et se débarrassa très vite de tous ses habits, puis entra dans l'eau toute nue. Elle vint se planter juste devant Ahmadou à un niveau où l'eau ne couvrait pas toutes ses parties intimes. Elle avait des seins pointus comme ceux que nous avons l'habitude d'appeler 'moule gala-goula', c'est-à-dire des petits seins très excitables et excitants qui n'ont pas encore commencé à s'incliner. Elle se mit à danser en aspergeant l'eau sur tout son corps nu qu'elle mit en mouvements cadencés et excitants sous le nez et à la barbe du pieux Ahmadou qui continuait toujours à faire ses ablutions. La jeune fille dansait, tout son corps oscillait, ses seins sautillaient en petits mouvements saccadés, sa chevelure vacillait, son postérieur frétillait, l'eau du fleuve s'agitait et dansait avec elle, et même la 'danse' dansait. Mais, Ahmadou continuait à faire ses ablutions sans lever le regard sur la jeune fille. Ce fut au moment où il devait frôler ses cheveux par ses deux mains qu'il souleva légèrement la tête, et soudain son regard se porta de la tête jusqu'à l'endroit où l'eau cachait ce qui restait des parties intimes du corps de la jeune fille.

A cet instant, Ahmadou, horrifié, scandalisa :

- Awouzou billaahi mine charrou cheytaani alziimi!

Cela dit, Ahmadou acheva rapidement la dernière étape des ablutions en se lavant les pieds. Ensuite, il se chaussa et prit la direction de Hamdallaahi. La jeune fille aussi mit ses vêtements et entra à la maison.

De la prière de l'après-midi (aloula) jusqu'à la dernière prière de la nuit (safo), chaque fois qu'Ahmadou entamait une prière, il commettait soit «kab'la» soit «ba'ada'», c'est-à-dire, soit il achevait la prière sans atteindre le nombre requis de rakats, soit il en ajoutait d'autres sans s'en rendre compte. Il ne pouvait plus se concentrer pour prier. Son esprit divaguait à chaque fois qu'il s'engageait à prier et se vagabondait vers la berge du fleuve jusqu'à l'endroit où il fit cette étrange vision.

Ahmadou s'en alla se coucher à la maison. Tard dans la nuit, il se réveilla et dit à son épouse que depuis qu'il l'avait épousée, il n'avait jamais mis les pieds dehors la nuit une fois qu'il était de retour de la mosquée après la prière du safo, si ce n'était pas une urgence concernant les questions de religion, ou une commission personnelle de Sékou Ahmadou. Il lui fit savoir qu'il avait quelque chose de très urgent à régler ce soir qui n'avait rien à voir avec les questions de religion, car c'était une affaire qui le concernait personnellement. Sa femme lui répondit qu'elle était tout à fait consentante. Ahmadou s'habilla, prit son épée et l'épaula, puis il prit la direction de la demeure de la jeune fille.

La jeune fille dormait toute seule sur l'étage de leur maison. Couchée sur le côté, elle ressemblait à une grosse jarre d'eau vide que l'on a mise sur le côté. Ahmadou trouva la jeune fille couchée toute seule sous une grande couverture. Elle portait seulement son petit pagne qu'elle avait attaché légèrement autour de sa poitrine sur ses jolis seins pointus (les koyraboros appellent cela 'gandasakou').

Ahmadou vint s'arrêter à côté d'elle et la toucha très légèrement. La jeune fille, sans le moindre mouvement de la tête ou même de la couverture, répliqua:

- Ne me touche plus! Car, personne ne m'a jamais touchée quand je dors si ce n'est toi aujourd'hui. Depuis que je suis née, je dors toujours seule, et personne ne me touche si ce n'est la personne qui vient me réveiller le matin.

Ahmadou s'arrêta un instant, puis toucha de nouveau la jeune fille. Elle répliqua, toujours sous la couverture :

- Même si tu es un djinn, ne me touche plus, je n'en ai pas l'habitude quand je dors si ce n'est le matin pour me réveiller.

Ahmadou lui dit :

- Je ne suis pas un djinn, mais j'ai fait le travail des djinns, car toute personne qui se promène tard dans la nuit, entre dans le domaine des djinns. Dieu a équitablement constitué les créatures en unités paires, ce sont les commerçants de ce monde qui ont inventé des petites unités de mesure comme le gramme ou le demi-kilo. Dieu a créé la vérité et le mensonge, les djinns et les humains, le ciel et la terre, le nord (haoussa) et le sud (gourma), l'est (dendi) et l'ouest (dangay), la lune et le soleil, les eaux et les montagnes, le jour et la nuit. C'est Lui qui a donné le jour aux humains pour leurs activités, et la nuit aux djinns pour leurs activités. Donc, tout humain qui se promène la nuit, entreprend les activités des djinns. C'est moi Ahmadou Soumbour Koola Adoursaye Siddiiki Alamine!

Soudain, la jeune fille souleva la tête et dit :

- Alhamdou Lillaahi Rabbil Aala Miina! Ahmadou Soumbour Koola Adoursaye Siddiiki Alamine, Cissé! Bi'smillah! Tu es le bienvenu chez toi!

Ahmadou s'assit, la jeune fille lui fit de la place et vint s'asseoir près de lui, toute souriante et joyeuse. Ahmadou la fixa longuement. Puis, la crainte de Dieu lui vint subitement à l'esprit pour s'interposer entre lui et la jeune fille. Il se retint et se contrôla afin de ne pas commettre le péché. Il se rappela du sermon qu'il avait tenu devant Dieu. Oui, il préfère passer ne serait-ce qu'un seul jour de séjour dans le paradis dans l'au-delà que de passer tout son temps à jouir des plaisirs de la vie dans ce monde.

Ensuite, Ahmadou prit l'épée et trancha la tête de la jeune fille. Il resta là auprès d'elle jusqu'à ce qu'elle rendit l'âme.

Ahmadou s'en alla se laver. Ensuite, il entreprit de refaire toutes les prières dans lesquelles il songeait à l'image de la fille sur la berge du fleuve, de la prière d'aloula jusqu'à celle du safo. Ce fut alors qu'il retourna se coucher à la maison.

Dieu est l'Omnipotent. C'est Lui qui donne la vie et c'est Lui qui donne la mort.

La personne qui avait l'habitude de réveiller la jeune fille trouva qu'elle était morte, la tête tranchée. Il courut vite dire à son père que sa fille était morte. Quand le père s'était rendu sur le lieu, il constata effectivement qu'elle était morte, la tête tranchée.

Le père de la jeune fille se rendit alors chez Sékou Ahmadou et lui fit savoir que sa fille était morte la veille, mais c'était quelqu'un qui lui avait tranché la tête.

A Hamdallaahi, on n'observait pas le deuil en pleurant les mains sur la tête, cela n'est ni dans la foi, ni dans la charia, et même nous qui racontons des récits ne le conseillons pas. Car, c'est Dieu qui insuffle la vie dans toute âme, et c'est lui qui ôte la vie à toute âme.

La charia recommande, au lieu de pleurer un mort qui a eu des gens qui ont pris soin de le laver, le mettre dans un linceul et l'enterrer convenablement, l'on doit plutôt pleurer son propre sort, car nul ne sait comment et où il mourra. Au lieu de pleurer un mort qui a été enterré par beaucoup de gens, l'on doit plutôt pleurer son propre sort, car, qui sait s'il ne rendra pas l'âme en un lieu où personne ne verra son cadavre pour l'enterrer. La charia recommande, au lieu de pleurer quelqu'un qui est mort naturellement, l'on doit pleurer son propre sort, car qui sait dans quelle condition il mourra. Est-ce dans un incendie ? Ou dans un accident ? C'est ce que recommande la charia. Et c'est à cela qu'on doit réfléchir chaque fois que l'on perd un être cher, et admettre que Dieu est l'omnipotent, c'est Lui qui donne la vie et c'est Lui qui donne la mort.

Après tous les rites funèbres, ils partirent enterrer la jeune fille.

Après les funérailles, on fit battre le tambour et rassembler tout Hamdallaahi. Quand tout le monde fut venu, on annonça:

- Qui parmi vous ici présents est le fidèle croyant en Dieu et en son messager, qui craint Dieu et croit au Jugement Dernier, qui a assassiné la fille d'un tel hier soir, ou qui a vu la personne qui a commis le meurtre?

L'annonce fut lancée au public à trois reprises, sans suite.

Boureïma-Kalilou-Boureïma, un des 'apôtres' de Sékou Ahmadou, prit la parole et dit:

Sékou !

- Naam !
- Il y a trois personnes qui sont des dignitaires distingués et des disciples intègres de Hamdallaahi que je ne vois pas parmi les gens ici rassemblés. La première personne est Ahmadou Soumbour Koola Adoursaye Siddiiki Alamine, la deuxième personne est Gouroowo Malaado, la troisième personne est Ahmadou Abdoullaahi.

Sékou demanda aussitôt d'aller les chercher. Très vite, ils vinrent répondre à l'appel de Sékou. On reprit l'annonce une fois. Ahmadou leva la main et la maintint pendant longtemps.

Sékou Ahmadou aimait beaucoup Ahmadou Soumbour Koola Adoursaye, et personne ne souhaite qu'un malheur arrive à quelqu'un que l'on aime bien. Sékou l'interpela :

- Alors, Ahmadou, c'est toi qui a vu la personne qui a commis ce meurtre?
- Sékou, je n'ai vu personne, c'est à moi-même que Dieu a prédestiné de commettre ce meurtre. Personne ne mérite plus que le sort que Dieu lui a prédestiné!

Si l'on entend un tel dire : « je mérite une telle chose!», ne sait-il pas que c'est plutôt par la volonté de Dieu qu'il a mérité la dite chose ?

Si l'on entend dire : «il lui a lancé un caillou, mais il l'a raté». Ah ! Ce sont des humains qui se sont lancé des cailloux. Si c'était Dieu qui avait lancé quelqu'un avec quoique ce soit, il ne le ratait jamais. Car, la personne est à sa disposition, le caillou aussi est à sa disposition. Donc, Il te saisit d'une main, puis te frappe par l'autre à sa volonté.

Ahmadou répéta :

- C'est bien à moi que Dieu a prédestiné de commettre ce meurtre!

Sékou interpela alors les juges de la Diina :

- Oh, caïds ! Vous qui avez la responsabilité de rendre la justice selon la charia, alors, prenez ce cas en considération!

Après consultation, les juges se concertèrent et annoncèrent le verdict :

- Ici à Hamdallaahi, celui qui tue quelqu'un va être tué lui aussi.

Ensuite, ils interpelèrent le coupable et lui dirent :

- Ahmadou Soumbour Koola Adoursaye, tu dois mourir!

Ahmadou répondit :

- Samih 'naa wa a'taanaa! (J'ai entendu et j'accepte!)

On lui banda le visage, puis on fit appel au bourreau.

A ce moment-là, un silence glacial couvrit l'auguste assemblée. Soudain, Boureïma-KalilouBoureïma rompit ce silence en lançant un long soupir, puis il interpela Sékou :

- Kooni! Ahmadou Hammadi Boubou! Si un indigent parle, est-ce qu'il sera écouté ?

Sékou lui répliqua :

- Si cet indigent dit la vérité.

Il dit :

- Moi, Boureïma-Kalilou-Boureïma, je crains Dieu en qui j'ai foi, et je jure de ne dire rien que la vérité de Dieu à travers ma bouche. Dans la tête d'Ahmadou Soumbour Koola Adoursaye, se trouvent mémorisés les soixante sourates du Saint Coran, soixante quinze hadiths du noble prophète et six mille six cent quatre vingt six noms glorieux de Dieu. Il peut les réciter intégralement par chœur sans se tromper même quand on le réveille d'un sommeil. Le fer d'un couteau ne peut pas couper la tête qui contient l'intégralité du Saint Coran. En plus de tout cela, même si vous allez exécuter Ahmadou, vous devez lui demander de vous dire ce qui s'est passé entre lui et la jeune fille, c'est après cela que vous pouvez l'exécuter.

Et toute l'assemblée consentit et dit :

- Wallaahi, Boureïma-Kalilou-Boureïma, ce que tu dis est vrai!

«La vie sur cette terre est comme un marché. Un marché n'est jamais stable. La vie, non plus, n'est jamais stable. Chacun se débrouille à faire de sorte que sa vie soit stable. Celui qui a quelque chose dans la poche peut aller au marché, et celui qui n'a rien dans la poche peut aussi aller au marché. Seulement, ils n'ont pas les mêmes visions.»

Cela dit, on détacha le visage d'Ahmadou, et on lui demanda de dire ce qui s'était passé entre lui et la jeune fille. Quelqu'un qui craignait Dieu, qu'est-ce qui lui empêcherait de dire la vérité. Ahmadou pouvait dire la vérité, car il ne craignait que Dieu.

Ahmadou pouvait dire la vérité, car Ahmadou n'était pas un 'faux-billet'. Savez-vous ce que c'est un 'faux-billet?

«Il y a sept types d'individus qu'on appelle 'faux-billet'. Même si l'on a de l'estime pour eux, on finit toujours par les désavouer :

- Un noble qui n'est pas généreux, même si tu l'estime beaucoup, tu finiras par le désavouer car tu n'obtiendras rien de lui. C'est un 'faux-billet'.
- Un esclave paresseux, même si tu l'estime beaucoup, tu finiras par le désavouer, c'est un 'faux-billet'.
- Un griot qui ne sait pas parler est un 'faux-billet. Si tu l'estime, tu finiras par le désavouer.
- Un djaawandé (ou djogaramé) qui ne sait pas monter des combines est un faux-billet. Même si tu l'estimes, tu finiras par le désavouer.
- Quelqu'un qui a étudié le Coran, il le connait intégralement, et il dit toujours 'au nom de Dieu et de son messager', s'il ne craint pas Dieu, c'est un faux-billet. Si tu l'estime, tu finiras par le désavouer, car il dit 'au nom de Dieu', mais il ne le craint pas, Dieu Lui-même le désavoue.
- Un dirigeant qui a l'estime et la confiance de tous ceux qu'il dirige, s'il ne dit pas la vérité, Dieu le désavouera. C'est un' faux-billet'.
- Quelqu'un que Dieu a comblé de richesse, s'il refuse de la partager avec les autres par crainte que sa richesse finisse, Dieu le désavouera. C'est un faux-billet'. Pourquoi Dieu ne le désavouera t-il pas? La richesse de Dieu est infinie. Alors, c'est un péché de croire que la richesse que Dieu t'a donnée va finir.

Tous ces sept types d'individus que nous venons de citer sont des 'faux-billets'.»

Ahmadou Soumbour Koola Adoursaye dit :

- Sékou !
- Naam !

- Je crains Dieu en qui j'ai foi, et je jure de ne dire rien que la vérité de Dieu à travers ma bouche. Voilà deux ans que cette jeune fille me coupe la route en se mettant toujours à travers mon chemin. Par la volonté de Dieu, je n'ai jamais répondu à ses provocations, ni échangé de parole avec elle. Hier, j'étais parti me laver au fleuve. Quand j'ai fini de me laver, je suis monté sur la berge pour faire les ablutions. C'est à peine que j'ai commencé les ablutions qu'elle a surgi de je ne sais où, et aussitôt elle est entrée dans l'eau toute nue comme un ver de terre et elle est venue se planter juste devant moi à un niveau où l'eau ne couvrait pas toutes ses parties intimes. Elle s'est mise soudain à danser, et à faire danser tout son corps, ses seins, sa chevelure, son postérieur, en agitant l'eau et en l'aspergeant sur son corps nu. C'est au moment où je devais frôler mes cheveux par les deux mains que j'ai soulevé légèrement la tête, et soudain mon regard se porta de sa tête jusqu'à l'endroit où l'eau cachait ce qui restait de ses parties intimes. Sékou, hier, de la prière de l'après-midi (aloula) jusqu'à la dernière prière de la nuit (safo), chaque fois que j'entamais une prière, je commettais soit «kab'la» soit «ba'ada'». Alors, quand je suis rentré à la maison après la prière du safo, j'ai dit à mon épouse que j'allais sortir car j'avais une urgence à régler qui n'avait rien à voir avec les questions de religion. Je suis venu la trouver chez elle endormie. Je l'ai frôlée légèrement des doigts pour la réveiller. Elle m'avait aussi fait savoir qu'elle n'avait pas l'habitude d'être réveillée par qui que ce soit si ce n'est pas le matin encore moins d'être frôlée. Sékou, la crainte de Dieu m'est venue à l'esprit.

  Quand je me suis présenté à elle, j'ai vite deviné son intention. Alors, avant qu'elle ne corrompe ma foi par sa mauvaise foi, j'ai vite gâché sa vie avant qu'elle ne gâche la micnnc.

Boureïma-Kalilou dit aux caïds :

- Avez-vous entendu ce qu'il vient de dire ?

Les Caïds répondirent qu'ils avaient entendu et compris.

Ensuite, Boureïma-Kalilou continua :

- Une femme qui poursuit un homme qu'elle ne connait pas, qui ne l'a pas épousée, il ne l'a pas invitée à la berge, et qui va lui montrer sa nudité, quel est le sort qu'elle mérite selon la charia ?

Les Caïds dirent :

- Cette femme mérite la mort, car elle n'était partie que pour corrompre la foi de cet homme et lui gâcher la vie.

Boureïma-Kalilou dit ensuite :

- Quant à Ahmadou qui a tué cette femme sans vous saisir, et il ne l'a pas amenée chez vous non plus, quel sort mérite t-il ?

Ils dirent :

- Ahmadou mérite une lourde punition qui est très proche de la mort.
- Alors, punissez Ahmadou, ne le tuez donc pas!

Aussitôt dit, Sékou mit la main dans la poche de son boubou et fit sortir une lettre. Il exhiba la lettre à l'assemblée et dit :

- Ceci est un message écrit par Bakkaye Moodi de Tombouctou. Il l'a envoyé à Goundam. Goundam l'a fait expédier à Djenné. Et Djenné l'a signé et l'a envoyé ici.

  Dans la région de Tooya Farrou, de Djeygalya à Djindoodji jusqu'à Gaana, les touaregs ont occupé toutes les terres. Ils ne prient pas, ne croient pas en Dieu et ne reconnaissent pas l'islam. Et toute personne qu'ils surprennent en train de prier, ils lui demandent de montrer ce qu'elle a gagné dans sa prière sous peine d'être tabassée et humiliée devant les siens. Tombouctou dit qu'elle ne peut pas les combattre. Goundam seul ne peut pas les combattre. Et Djenné aussi dit qu'elle n'a pas suffisamment les moyens de les combattre. Il est demandé à toutes les bonnes volontés, fi-sabirillaahi, pour la cause de Dieu, d'aller convaincre ces gens à pratiquer l'islam. Alors, Ahmadou, voici ta punition!

Sékou tendit la lettre à Ahmadou.

La charia a puni Ahmadou d'une punition qui est très proche de la mort

Ahmadou saisit la lettre et se mit à la lire. Il avait compris le message que contenait la lettre, et savait que toute personne qui entreprenait d'aller là-bas était un homme mort. Cependant, il dit :

- Samih 'naa wa a'taanaa, sabirillaahi! (J'ai entendu et j'accepte pour la cause de Dieu!)

Ahmadou s'en alla informer son griot Sorbo-N'Taali-Sorbo-Maabo. Ensuite, il informa sa mère et son père. Ses deux parents étaient devenus tous très vieux, et Ahmadou était l'unique enfant qu'ils avaient eu au monde.

Après la prière du safo, Ahmadou entra à la maison se coucher, car, il avait envisagé d'entreprendre le voyage très tôt le lendemain. Après qu'ils s'étaient endormi, sa femme fit un cauchemar dans lequel elle voyait des anges qui transportaient le cadavre d'Ahmadou dans un linceul et le présentaient devant elle en lui demandant de dire adieu à son mari, ils n'allaient plus se voir dans ce monde, car, s'il s'en allait le lendemain, il n'allait plus revenir.

Et la femme de dire :

- Laa Ilaaha, illa Laahou, sahidinaa Mouhamadou rassoulillaahi! Et d'ajouter 'il n'y a de Créateur que Dieu, c'est lui qui donne la mort, c'est lui qui donne la vie, c'est lui qui rend riche, et c'est lui qui rend pauvre ! Je me remets à Toi Dieu!'

En l'entendant parler, Ahmadou ouvrit les yeux et lui demanda :

- Tu parlais avec qui ?
- Je ne parlais avec personne.

Mais, dès qu'ils s'assoupirent de nouveau, la femme voyait de nouveau les anges transportant le cadavre d'Ahmadou sur un brancard et vinrent le présenter devant elle, lui demandant de dire adieu à son mari, car, s'il s'en allait le lendemain, ils n'allaient plus se voir dans ce monde.

La femme dit :

- Astaghfiroullaaha, Soubhaana Allaaha wal hamdou lil Laaha, wa Laa Ilaaha, illa Laahou, Allaahou Akbar!

Quand Ahmadou ouvrit les yeux, et lui demandait, elle répondait toujours qu'elle ne parlait avec personne. Ils passèrent le reste de la nuit ainsi jusqu'à l'appel de la prière de l'aube.

Après la prière de l'aube, Ahmadou entra à la maison. Il fit sortir une étoffe blanche dans laquelle il mesura sept mètres et en tira quelques ficelles. Il s'assit et se mit à coudre son propre linceul. Quand il eut finit de coudre, il le plia et le mit dans la sacoche qu'il accrocha sur la selle de son cheval. Ensuite, il revint dans la maison, fit appeler son épouse et lui dit :

- Il faut que tu comprennes qu'aller au jihad n'est pas la même chose qu'aller au champ où l'on peut y aller et retourner le même jour. On peut aller au jihad et revenir, comme on peut aller au jihad et ne jamais revenir. On peut aller au jihad tuer des gens comme on peut aller au jihad et se faire tuer. On peut aller au jihad gagner une bataille comme on peut aller au jihad et perdre la bataille.

La femme répliqua, les larmes aux yeux :

- Ahmadou Soumbour Koola Adoursaye, tu étais déjà arrivé à Tooya il y a longtemps ? Wallaahi, Ahmadou, si c'est vrai que le rêve n'est pas un mensonge, ce que j'ai vu hier dans mon rêve, après cet entretien que nous sommes en train de faire maintenant, nous ne nous verrons plus dans ce monde encore. Ahmadou, moi je me remets à Dieu!

La femme essuya ses larmes par le revers de sa main, puis elle se couvrit le visage par le pan de son voile et entra à l'intérieur.

Ahmadou sortit pour aller dire adieu à sa mère :

- Inné, c'est aujourd'hui que je vais à Tooya Farrou, Toumboutou.
- Ahmadou !
- Naam !
- Ahmadou, tu es le seul fils que j'ai eu dans ce monde. Que Dieu te récompense pour ce que tu as fait pour moi et qu'il éclaire ta voie! Si c'est vrai que le rêve n'est pas un mensonge, ce que j'ai vu hier dans mon rêve, après cet instant, nous ne nous verrons plus sur cette terre encore. Ahmadou, je te pardonne! Que Dieu t'accorde sa miséricorde et te pardonne de la façon dont je t'ai pardonné! Vas-y, ton père est à l'intérieur.

Ahmadou se leva et alla trouver son père à l'intérieur. Le vieux se leva et saisit Ahmadou par les bras, puis il dit:

- Ahmadou Soumbour Koola Adoursaye, tu t'en vas à Tooya Farrou !
- Père, c'est ce que je suis venu te dire, je veux y aller aujourd'hui !

- Ahmadou, si c'est vrai que le rêve n'est pas un mensonge, ce que j'ai vu hier dans mon rêve, après cet instant, nous ne nous verrons plus dans ce monde encore. Mais, Ahmadou, que Dieu réjouisse tes yeux de la même façon dont tu as réjoui les miens! Ahmadou, que Dieu réconforte tes oreilles de la même façon dont tu as réconforté les miennes! Ahmadou, que Dieu adoucisse ta langue de la même façon dont tu as adouci la mienne! Ahmadou, que Dieu soulage tes mains de la même façon dont tu as soulagé les miennes! Ahmadou, que Dieu soulage tes pieds de la même façon dont tu as soulagé les miens! Ahmadou, que Dieu apaise ton corps de la même façon dont tu as apaisé le mien! Ahmadou, que Dieu console ton âme de la même façon dont tu as consolé la mienne! Ahmadou, que Dieu te récompense par le paradis!

Ahmadou ne voulait pas retirer ses bras des mains de son père, le vieux aussi ne voulait pas lâcher les bras d'Ahmadou, car c'était son unique enfant dans ce monde. Ile restèrent ainsi pendant un instant jusqu' à ce que les mains du vieux s'ankylosèrent et lâchèrent d'elles-mêmes les bras d'Ahmadou. Ce fut alors que le vieux essuya ses larmes par le revers de sa main et entra dans sa chambre. Ahmadou aussi essuya ses larmes par le revers de sa main et sortit de la maison.

Ce fut l'ultime sortie d'Ahmadou de Hamdallaahi. Ce jour fut une journée de deuil à Hamdallaahi. Ce jour fut une journée de tristesse à Hamdallaahi. Ce jour fut une journée de commisération à Hamdallaahi. C'était la journée que chaque fervent croyant souhaiterait le plus au monde pour soi. Mais, Dieu ne l'accorde qu'à qui il veut. Que Dieu n'accorde que du bien à vous et a moi dans ce monde et dans l'au-delà!

Ahmadou part au jihad à Tooya Farrou, près de Tombouctou

Ahmadou sortit de la maison de ses parents. Ahmadou avait un cheval qui était considéré comme son enfant, car on l'appelait 'Mousseyga Ahmadou Soumbour Koola Adoursaye'. Le cheval n'avait pas de pareil de Tombouctou à Djenné. On lui sella le cheval en préparant les harnais, les brides et les rênes, avec tout l'équipage complet.

Ahmadou et la cavalerie qui devait l'accompagner se retrouvèrent chez Sékou pour pendre le départ. Quand tous les cavaliers étaient venus, ils tirèrent aussitôt les rênes des chevaux en direction de Tooya Farrou, Tombouctou.

Pendant le jour, s'ils demandaient Ahmadou où s'arrêter pour reposer les chevaux, ce dernier leur dit de demander au griot. La nuit aussi, quand ils demandaient Ahmadou où s'arrêter pour passer la nuit, il leur dit de demander au griot, car, tant que le griot était à ses côtés, lui Ahmadou, personne ne lui offrait l'hospitalité si ce n'était Sorbo-N'Taali-Sorbo-Maabo. C'était donc seulement le griot qui décidait où passer la journée ou la nuit jusqu'au jour où ils arrivèrent à Koura. Là, sur ordre du griot, ils passèrent la nuit à Koura. Et très tôt à l'aube, ils partirent directement à Tooya Farrou.

A Tooya, chaque matin, quand les touaregs se réveillaient, ils enduisirent les lames de leurs lances avec de la graisse animale, puis ils les disposèrent soigneusement par rangées en plantant les manches dans le sol exposant ainsi le fer au soleil. Ainsi, dès que le soleil commençait à se lever, ses rayons tombèrent sur les lames des lances qui reflétèrent aussitôt la lumière solaire. Ce reflet produisait un grand mirage au loin qui ressemblait à une vaste étendue d'eau.

C'était le griot qui connaissait bien les lieux pour avoir y séjourner, lui qui voyageait beaucoup. Ahmadou qui était dépaysé s'approcha alors du griot et lui demanda :

- Sorbo-N'Taali-Sorbo-Maabo, comment allons-nous contourner ce cours d'eau que nous approchons?

Le griot éclata de rire, et lui répliqua :

- Ahmadou Soumbour Koola Adoursaye, ce que tu aperçois là-bas n'est pas un cours d'eau, deh! Tout ce que tu vois là devant nous n'est que le miroitement des lances qui n'attendent que nous seuls!

Ahmadou serra les harnais et tira les rênes du cheval. Ensuite, il lança 'Mousseyga' au galop, puis tira sur les rênes pour immobiliser l'animal et le cheval souleva ses pattes antérieures. Il dit au griot :

- Kooni, Sorbo-N'Taali-Sorbo-Maabo! Depuis qu'on s'est connu, tu ne m'as jamais dit une aussi bonne nouvelle que ce que tu viens de m'annoncer. Car, je suis venu ici pour la cause de Dieu, et quelqu'un qui vient pour la cause de Dieu n'a peur de rien. Donc, c'est ici Tooya Farrou!

Ahmadou et ses compagnons se rendirent chez l'Amenokal, le chef des touaregs.

L'Amenokal de l'époque s'appelait Achirine. Ils descendirent de leurs montures et dirent à l'Amenokal qu'ils étaient porteurs d'un message.

Les touaregs firent sortir leur tambour de guerre et chargèrent les esclaves de le battre pour alerter les autres.

De Djindoodji à Djeygalya, partout où se trouvaient des campements de touaregs, du sud au nord, tous ceux qui avaient entendu le son du tambour étaient venus répondre à l'appel du chef. Certains étaient venus sur des montures, d'autres à pieds, tous se rendirent au lieu de la rencontre. De la matinée jusqu'à l'après-midi, les touaregs venaient de partout.

Alors, ils demandèrent à leurs hôtes :

- Quelle est la raison de cette rencontre ?

Le griot se tint debout et leur dit :

- La raison de cette rencontre est que nous sommes porteurs d'un message pour vous. Nous sommes venus vous demander de vous confesser et dire ceci : Laa Ilaaha, ill'Allaahou, sahidinaa Mouhamadou Rassoulillaahi! Il n'y a de Créateur que Dieu l'Omnipotent, c'est lui qui donne la mort, c'est lui qui donne la vie, c'est lui qui rend riche, et c'est lui qui rend pauvre !

Les touaregs lui répliquèrent :

- Après avoir récité tout ça, qu'est-ce que l'on va recevoir comme récompense?

Le griot répondit :

- Toute personne qui confesse et dit cela, après sa mort, Dieu lui pardonnera tous ses péchés et lui accordera une place douce au paradis dans laquelle son âme reposera éternellement en paix !

Les touaregs lui répliquèrent :

- Ah! N'importe quoi! Ça, c'est de la ruse! Billa hallazi laa ilaahou, pourquoi attendre quelque chose qu'on n'aura qu'après sa mort? Dites-nous autre chose que ça!

L'heure de la prière de l'après-midi s'approcha. Alors, Ahmadou et ses compagnons se levèrent et invitèrent les touaregs à les imiter en les observant faire les ablutions. Vite, certains touaregs se lavèrent mains et pieds en deux temps trois mouvements. Quelqu'un qui ne savait pas comment faire les ablutions, que pouvait-il faire autre que se laver mains et pieds.

Le griot fit l'appel à la prière. Ahmadou se mit devant et dirigea la prière. Le griot s'adressa aux touaregs et leur dit de les imiter en suivant leurs mouvements, c'était ça le 'Laa-ilaaha' dont il leur avait parlé.

Dès la première rakat de la prière, et aussitôt qu'Ahmadou Soumbour Koola Adoursaye se baissa pour la génuflexion, un touareg cria et dit aux autres :

- Aŋŋa-aŋŋa, tooɳe yaada! Cet homme-là qui est venu ici, nous ne sommes pas ses esclaves, il ne nous a pas confié ses bestiaux, il n'est pas notre maître, on ne le connait même pas! Alors, comment peut-il nous enjoindre de nous courber dans le sol et nous lui obéissons? Est-ce que nous avons peur de nous battre, ou bien quoi? Billa hallazi laa ilaahou, moi, je ne me courbe pas! Ich-chéh! Hayaa woo maa mousse?

Et tous les touaregs refusèrent de prier.

Ahmadou et ses compagnons finirent leur prière. Ils égrenèrent leurs chapelets et firent leurs bénédictions. Ensuite, le griot demanda aux touaregs :

- Pourquoi n'avez-vous pas prié?

Ils lui répliquèrent :

- Celui qui se courbe dans le sol, que va-t-il gagner comme récompense après?
- Celui qui se courbe et se prosterne pour prier Dieu, après sa mort, Dieu lui accordera dans l'au-delà une vie douce et meilleure que celle de ce monde ici-bas! Et …

Ils lui coupèrent la parole :

- C'est du n'importe quoi! Billa hallazi laa ilaahou, depuis que nous sommes en train de creuser ce sol, nous n'y avons rien vu de mystère en dessous si ce n'est du sable et du sel gemme! Il n'y a rien de meilleur que la vie sur cette terre avec toutes ces vaches et tous ces chameaux que nous possédons! Avons-nous besoin de quelque chose encore dans ce monde?

Ne sachant plus que dire, le griot finit par ne plus insister à les convaincre par son verbe et dit :

- Si vous ne vous courbez pas, nous allons vous combattre !

En chœur, ils se précipitèrent de lui répondre :

- A-haye! Billa hallazi laa ilaahou, c'est ce que nous cherchons! Nous ne voulons rien que la guerre!

Ahmadou Soumbour Koola Adoursaye s'apitoya de leur infériorité numérique. Ils n'étaient que cent deux personnes. Les touaregs avaient mobilisé plus de vingt milles combattants. Alors, il dit au griot de ne plus rien dire. Ensuite, il fit sortir de sa poche un papier et composa un message à Sékou lui demandant d'envoyer en renfort la cavalerie d'Abdoullaahi Sékou ou celle d'Ahmadou Sékou, sinon, ils ne pourront jamais gagner la bataille de Tooya Farrou. Il demanda à ses hommes de laisser les montures se reposer toute la nuit. Le lendemain après la prière de l'aube, ils allaient retourner à Hamdallaahi porter le message à Sékou. Le griot et lui allaient rester pour les attendre.

Ahmadou eut donc pitié de ses compagnons, et ne voulait pas les voir tous tomber devant ses yeux, car lui, il savait qu'il avait rejoint sa tombe. Ainsi, après la prière de l'aube, aux premières lueurs du soleil, les chevaux retournèrent à Hamdallaahi apporter le message à Sékou Ahmadou Hammadi Boubou, le saint homme du Macina.

Tooya Farrou Djaari Djeyban !!!

Ahmadou ne quitta le lieu où il avait observé la prière de l'aube que lorsque le soleil se leva à l'horizon. Ensuite, il appela le griot et lui demanda de seller les chevaux, car, quelqu'un qui était venu combattre ne devait pas attendre qu'on le combatte.

Ahmadou dit aux touaregs de réveiller Achirine et de lui dire de prier, sinon il allait lui montrer ce que pouvait gagner celui qui refusait de prier.

Achirine lui répondit avec un gros 'billa hallazi laa ilaahou' que depuis qu'il avait été intronisé Amenokal, il ne se réveillait jamais avant que les troupeaux n'étaient tous partis au pâturage, sinon il allait être couvert de poussière. C'était toujours après le départ des troupeaux, et la disparition complète de la poussière qu'il se réveillait. Et, toute personne qui s'avisait de le réveiller était un homme mort.

Ahmadou monta sur son cheval. Il serra les harnais et tira les rênes du cheval. Ensuite, il lança 'Mousseyga' d'un seul bond sur le houkkoume[7] du touareg.

A l'intérieur du houkkoume se trouvaient des femmes enceintes qui attendaient encore quelques petits jours.

Quand on entend dire d'amener vite une telle femme enceinte à la maternité, ou d'aller appeler vite sa tante ou sa grand-mère, ce qu'elle est entourée par des gens qui s'en occupent bien. Que pouvait-il arriver alors à une femme enceinte dont un cheval était monté sur le ventre avec toutes ses quatre pattes ? L'enfant ne pouvait sortir que de n'importe où. Et cela, sans aucune ordonnance prénatale ou postnatale! Et pas question de bien couper le cordon ombilical, ou de féliciter la maman, encore moins de chercher à savoir la nature du sexe de l'enfant ou si c'est des jumeaux. Tous ces détails ne sauraient être possibles que quand l'accouchement se passe dans des situations de paix.

Ahmadou concassa le houkkoume avec son contenu en piétinant par les pattes du cheval au petit trot tous ceux qui étaient à l'intérieur. Il réduisit tout le houkkoume en fragments broyés de mélanges d'intestins, de sang, de chair et de graisse humains. Ce fut au moment où Ahmadou descendit de ce qui restait du houkkoume que le touareg fit sortir sa tête dessous les fragments. Aussitôt, Ahmadou, de son épée, lui trancha la tête qui s'envola dans l'air en criant :

- i ya kaladaga in naak, i ya kaladaga abbaani, i ya kaladaga ame moutte!!!

Ahmadou Soumbour Koola Adoursaye et son griot Sorbo-N'Taali-Sorbo-Maabo affrontèrent les touaregs avec détermination au nom de Dieu et de l'islam. Ils avaient des préparatifs qui les rendaient invulnérables au fer.

Très combatifs et agressifs, les touaregs se battaient avec un courage martial contre ces intouchables. Leur détermination devenait de plus en plus farouche quand ils voyaient leurs combattants tomber sous les coups d'épée impitoyables de ces deux intransigeants étrangers qui leur résistaient stoïquement comme des possédés.

Malgré leur acharnement, les pertes en vie se multiplièrent sans cesse parmi les touaregs. Les deux braves jihadistes continuaient à tuer en combattant comme des

[7] Hangar des nomads fait en cuir et transportable.

enragés. On dirait que le nombre croissant des morts ne faisait qu'augmenter la détermination et la belligérance des touaregs, résolus et fermement décidés de ne pas reculer face à ces deux envahisseurs quitte à se faire exterminer jusqu'au dernier combattant.

Le ciel se noircit aussitôt de toutes sortes d'oiseaux rapaces qui rodaient et rodaient en déployant leurs grandes ailes et en planant de plus en plus bas, épiant ces innombrables proies qui étaient déjà à leur portée. Sur le sol, les combats s'intensifiaient et le nombre de morts augmentait toujours.

Ce jour macabre fut tristement l'une des journées les plus festives des charognards, comme on le dit en songhay 'djaari djeyban' (journée des vautours). Les vautours, en général, ne fréquentaient que les champs de bataille qui leur servaient de festin après les combats. Ce jour-là, au début des combats, les vautours se regroupaient par sept autour d'un cadavre. Mais, au fur et à mesure que le nombre de morts ne cessait de croitre, les vautours ne choisissaient que les cadavres qui avaient les plus beaux visages dont ils ne dévoraient que seulement les pupilles. Tellement qu'il y avait eu de morts ! Tooya Farrou djaari djeyban ! Quelle journée triste et horrible fut ce jour macabre à Tooya Farrou!

L'heure de la prière de l'après-midi s'approcha. Ahmadou demanda aux touaregs s'ils pouvaient leur permettre d'accomplir la prière. Ces derniers acceptèrent d'observer la trêve et s'assirent.

Ahmadou et son griot descendirent de leurs chevaux, et vinrent se retrouver ensemble. Le griot aida Ahmadou à défaire l'épée coincée dans sa main inerte. A son tour, Ahmadou aussi défit l'épée coincée dans la main engourdie du griot. Ahmadou donna sa bouilloire au griot et lui demanda d'aller au fleuve apporter de l'eau pour faire les ablutions. Le griot se dirigea vers l'ouest de Tooya, à l'endroit où le fleuve formait une boucle, là se trouvait un petit canal très profond arrosé par le fleuve.

Sur son chemin, le griot rencontra une rafale parfumée qui soufflait du sud au nord. Arrivé sur la berge, le griot vit deux jeunes filles d'une beauté exceptionnelle avec des visages luisant d'une lueur qui le faisait larmoyer. Elles étaient affairées à laver des petites serviettes toutes blanches qu'elles étalaient ensuite au soleil pour les sécher, puis elles les reprenaient pour les encenser soigneusement. Le griot tendit son récipient à l'une des deux et dit :

- Donnes-moi de l'eau pour faire les ablutions, je porte des chaussures en cuir !

Elle répondit :

- Tu ferras mieux d'enlever tes chaussures et venir chercher l'eau toi-même, car nous, depuis que Dieu nous a créées et nous a mises dans les jardins du paradis, c'était hier soir jeudi que nous avons reçu des messages nous annonçant que nos époux respectifs viendront nous rejoindre ce soir vendredi dans le paradis. Nous sommes en train de nous préparer à les accueillir en lavant leur linge, et comment veux-tu qu'une femme d'autrui donne de l'eau à un autre homme qu'elle ne connait pas?

Le griot devint soudain sidéré en entendant ce qu'il venait d'apprendre, paralysé par la nouvelle de sa propre mort. «Les koyraboros disent que l'on peut ne pas reconnaitre sa part de nourriture dans un repas à partager, mais on ne peut jamais ne pas reconnaitre une parole adressée à son endroit.»

La fille ajouta :

- Mon époux est Ahmadou Soumbour Koola Adoursaye qui a quitté Hamdallaahi pour venir au jihad à Tooya Farrou. Quant à mon amie, son époux est Sorbo-N'Taali-Sorbo-Maabo, le griot d'Ahmadou. Ils ont vécu ensemble et ils mourront ensemble.

En fin, le griot venait de comprendre avec certitude que leur sort avait déjà été scellé. Résigné, il se déchaussa, entra dans l'eau et remplit la bouilloire. Puis, les pas pressés, il regagna Ahmadou et lui dit :

- Ahmadou, n'est-ce pas que j'ai mis trop de temps ?
- Non, pas tellement.
- J'ai entendu aujourd'hui quelque chose que je n'ai jamais entendu dans ma vie. Et J'ai vu aujourd'hui quelque chose que je n'ai jamais vu dans ma vie.
- Ne me raconte pas ce que tu as vu, et ne me raconte non plus ce que tu as entendu, je suis au courant de tout.

Ils firent les ablutions. Ahmadou ne priait jamais immédiatement après avoir fait les ablutions, il attendait toujours que l'eau séchait sur son corps. Quand ils finirent de prier, ils égrenèrent leurs chapelets et firent leurs bénédictions. Ensuite, Ahmadou mit sa main dans sa poche et fit sortir une pièce d'or en chaine. Puis il dit au griot :

- Sorbo-N'Taali-Sorbo-Maabo!
- Naam !
- Tu as été pour moi un compagnon noble et sympathique, un frère consanguin, un griot fidèle et un ami sincère et loyal. Prends ceci, et retourne à Hamdallaahi, tu pourras le vendre et t'acheter du bétail et du grain pour subvenir à tes besoins en attendant que tu trouves un autre ami à suivre. Car, moi, je ne suis pas venu avec l'intention de retourner à la maison. C'est ici que se trouve ma tombe.

Le griot prit la pièce d'or et se dirigea droit au fleuve. Arrivé au bout du canal, il précipita la pièce dans l'eau profonde, puis revint et dit :

- Ahmadou Soumbour Koola Adoursaye, c'est donc vrai que les peulhs sont des fourbes. Si tu m'avais mis au courant que c'est ici que tu vas mourir, j'allais me préparer en conséquence. Se préparer à la mort pour un homme qui voyage veut dire tout simplement écrire son testament. Wallaahi Ahmadou Soumbour Koola Adoursaye, depuis que ton père t'a amené dans notre 'doudel' que nous avons fait amitié, tout ce que tu veux faire, c'est à moi que tu demandes de le faire. Tu as toujours dit que tant que je suis à tes côtés, personne ne t'offre l'hospitalité dans ce monde si ce n'est moi. Donc, maintenant que je sais que tu vas quitter ce monde, c'est moi Sorbo-N'Taali Sorbo Maabo qui vais t'offrir l'hospitalité dans l'audelà aujourd'hui! Je n'irai jamais annoncer ta mort à Hamdallaahi. J'ai jeté la pièce d'or dans l'eau du fleuve.

Ahmadou prit une feuille de papier. Il écrit soigneusement cet ultime entretien qu'il venait d'avoir avec son griot et l'entretien que ce dernier avait eu au bord du fleuve avec les femmes. Il plia la feuille et la mit dans sa sacoche. Puis, ils sautèrent sur leurs chevaux et reprirent le combat avec les touaregs qui les attendaient bravement.

Ahmadou et son griot avaient donc repris les combats avec les Touaregs. Un peu avant la prière d'alaassara, le griot ôta les préparatifs qu'il portait et qui le rendaient intouchable et invulnérable aux lances des touaregs, puis les jeta par terre. Aussitôt, les touaregs lui transpercèrent la gorge et il tomba du cheval. Ahmadou sauta et descendit de son cheval. Il le prit dans ses bras jusqu'au dernier souffle. Ensuite, il prépara le corps selon les rites musulmans et pria quatre rakats sur le corps sans génuflexion. C'est la prière funèbre que l'on célèbre sur le corps d'un musulman avant de l'enterrer.

C'était avec les larmes aux yeux qu'Ahmadou enterrait le corps de son griot. Il pleurait, endeuillé et attristé par la perte de son unique ami et fidèle compagnon. Il pria pour lui et rendit grâce à Dieu. Ahmadou reprit la feuille dans la sacoche et y nota les circonstances et le moment où le griot avait rendu l'âme. Puis, il se remit en selle et reprit le combat avec acharnement, endiablé par la perte de son griot loyal et intègre.

« C'est ainsi la vie ! Si tu pleures la mort d'un être cher, sache que c'est la volonté divine et que chaque âme goutera à la mort.»

L'heure de la mort d'Ahmadou s'approcha. Il appela les touaregs et leur dit de lui laisser le temps d'accomplir la prière d'alaassara. Il fit les ablutions et se mit à prier. Quand il finit de prier, il reprit la feuille et y nota les derniers événements en mentionnant le moment sublime de sa mort. Ensuite, il défit la bride et les rênes du cheval, prit son linceul et remit toutes ses affaires dans la sacoche qu'il accrocha autour du cou de l'animal. Il chuchota dans les oreilles du cheval lui disant d'aller apporter la nouvelle de sa mort à Hamdallaahi avant le crépuscule.

Hamdallaahi se trouvait à côté de Mopti, et Tooya Farrou était à côté de Tombouctou. Mais, le cheval avait comme mission d'annoncer la mort d'Ahmadou avant la tombée de la nuit. Aussitôt, le cheval se dressa sur les pattes arrière soulevant les pattes antérieures dans l'air en hennissant et décolla comme un avion. Certains touaregs essayèrent de l'attraper au passage criant : 'baryoo ihouskane!' (C'est un beau cheval!). Le cheval s'en alla au galop à la vitesse de la lumière. A son passage, on n'apercevait rien qu'une lueur qui ressemblait à de l'éclair dans le ciel.

Ahmadou se mit dans son linceul, se coucha, puis demanda aux touaregs de le tuer. A coup d'épée, les touaregs le tuèrent, puis déchirent le linceul et découvrirent qu'il était aussi galant que brave. Ce fut alors qu'ils réalisèrent leur erreur de ne pas garder Ahmadou vivant comme otage, car la guerre n'était pas encore finie.

Moussayga apporte la nouvelle de la mort d'Ahmadou et de son griot à Hamdallaahi

Moussayga dépassa les chevaux qui étaient partis depuis l'aube entre Timbooli et Korombali. Certains d'entre eux aperçurent l'éclair une seule fois, d'autres avaient même entendu le bruit de ses sabots.

A Hamdallaahi, après la prière d'alaassara, les fidèles sortirent de la mosquée et se mirent sous le hangar qui était devant la mosquée comme d'habitude pour échanger des nouvelles et traiter les questions d'ordre religieux. Ce fut alors que la mort d'Ahmadou fut révélée à son père. Ce dernier dit à Sékou :

- Sékou, as-tu reçu les nouvelles des jeunes depuis qu'ils sont partis ?

Boureïma-Kalilou-Boureïma lui répliqua :

- Du calme s'il te plait ! C'est une centaine de jeunes qui étaient partis. S'ils meurent, ton fils aussi mourra. S'ils reviennent sains et saufs, ton fils te reviendra sain et sauf.
- Je ne parle pas de mon fils, je parle des autres jeunes qui étaient partis avec l'intention de revenir. Car, Je sais parfaitement que mon fils ne reviendra pas. Sékou que j'ai demandé sait pertinemment que mon fils ne reviendra pas. La femme de mon fils sait qu'il ne reviendra pas. Sa mère aussi sait qu'il ne reviendra pas. Et Dieu sait qu'il ne reviendra pas, son ami non plus ne reviendra pas.

Boureïma-Kalilou-Boureïma dit à Sékou :

- Sékou !
- Naam !

- C'est vrai qu'Ahmadou Soumbour Koola Adoursaye ne reviendra pas ?
- Si ce n'est pas que tu m'as demandé, je n'allais pas te le révéler. Quand nous étions en train de faire la prière d'alaassara, et plus précisément au moment où nous posions nos fronts sur le sol, mon regard croisa celui d'Ahmadou à Tooya Farrou, il rendait l'âme et me disait adieu!
- Sékou, ça c'est de la présomption! Et là tu es vraiment vaniteux! Tu nous fais prier ici à Hamdallaahi et tu prétends voir quelqu'un qui meurt jusqu'à Tooya Farrou près de Tombouctou! C'est superbe!
- Je ne suis pas vaniteux et ce n'est pas de la présomption que de dire la vérité de Dieu. Wallaahi, rapporter ce que Dieu a fait n'est pas de la présomption, c'est plutôt dire la vérité.

Ils discutaient toujours sous le hangar quand Moussayga vint passer devant eux. Alors, ils dirent en chœur :

- Eh-hé ! Rattrapez vite Moussayga!

Le père d'Ahmadou leur dit :

- Laissez-le partir! Un cheval qui vient de Tombouctou Tooya Farrou et qui entre à Hamdallaahi tout seul sait où se diriger!

Le cheval se dirigea tout droit à l' endroit habituel où il était attaché, puis s'immobilisa. Ensuite, il se mit à gratter la terre furieusement en jetant le sable sous ses pattes. La noble femme descendit de l'étage et émit un son très aigu en remuant la langue dans la bouche, témoignant son approbation au deuil, puis dit :

- Samih naa wa a'taanaa! (J'ai entendu et j'accepte!)

Elle se résigna à accepter de porter ce chapeau que Dieu lui avait mis sur la tête. Ensuite, elle héla la femme de N'Taali et lui dit :

- Wagnandé!
- Naam!

  Fais le tour et viens me défaire les cheveux afin que je commence à observer ce veuvage que Dieu m'a prédestiné. Wallaaahi, Ahmadou n'a pas été tué par des

- sorciers, ni par le sacrilège des mauvaises langues ! Wallaahi, Ahmadou n'a pas été tué par des djinns ni par Satan ou encore moins par des humains! Ahmadou a tout simplement été tué par la volonté de Dieu!

La griotte lui répliqua :

- Du calme, ma sœur ! Je sais que les peulhs sont très impulsifs! Depuis que nous avons grandi dans cette cité, nous avons trouvé qu'Ahmadou et N'Taali étaient déjà des amis inséparables et toujours ensemble dans tous les faits. C'était Ahmadou qui avait choisi la femme que son griot avait épousée, et c'était le griot qui avait choisi la femme qu'Ahmadou avait épousée! Donc, tant que je ne vois pas mon mari, je n'accepterai pas qu'il est vivant, car je suis convaincue qu'il n'oserait jamais venir annoncer la mort de son seul et unique ami Ahmadou ! Regarde dans le danga[8] que porte le cheval s'ils n'avaient pas mis une note !

Alors, elles firent appel à leur esclave serviteur de la maison qui vint et attacha le cheval. Ensuite, il fit descendre le danga et déversa son contenu. Il y avait bien une note qui relatait tous les événements qui s'étaient passés à Tooya Farrou en détails, et bien sûr la note contenait un passage qui confirmait que c'était le griot qui fut le premier à mourir pour partir offrir l'hospitalité à son ami Ahmadou à l'au-delà.

La griotte dit alors :

- Wa-i ! Tu me défais les cheveux, et je te ferrai autant ! C'est cela que Dieu nous a prédestiné à toutes les deux !

Ensuite, on fit parvenir la note à Sékou. Ce dernier envoya deux vieilles femmes pour aller apprendre les règles du veuvage aux deux jeunes femmes.

Ce fut après la prière du magrib au soir que les compagnons d'Ahmadou arrivèrent enfin à Hamdallaahi. Ils dirent à Sékou :

> Ahmadou Soumbour Koola Adoursaye nous a envoyés vous remettre ce message et demander d'envoyer en renfort les hommes d'Ahmadou Sékou, ou ceux d'Abdoullaahi Sékou, sinon Tooya Farrou ne tombera pas!

[8] Sacoche

-

Et Sékou de leur répliquer :

- Ahmadou vous a dupé. Ahmadou est mort!

Ils demandèrent :

- Qui est venu annoncer cela ?
- C'est Moussayga qui est venu depuis cet après-midi.

Ils dirent :

- N'est-ce pas vrai, l'éclair que nous avions aperçu était bien Moussayga!

Alors, ils se rendirent à l'évidence qu'ils venaient d'essuyer la honte devant leurs pairs juste à leur arrivée, et qu'ils allaient passer toute la nuit dans la honte. Ils s'étaient senti tous très humiliés et culpabilisés à la fois et décidèrent alors de retourner tous au front avec le renfort sur d'autres montures pour se venger et laver l'affront qu'ils venaient de subir.

Sékou Ahmadou envoie une forte armée en jihad à Tooya Farrou

L'expédition que Sékou Ahmadou avait envoyée en jihad à Tooya Farrou était composée des hommes de différentes armées chacune dirigée respectivement par Ahmadou Sékou, Albakkaye Sékou, Baalobbo Boocari, Ardo Gouroowo Malaado et Ahmadou Abdoullaahi Souwaydou. Celle qui était dirigée par Ahmadou Soumbour Koola Adoursaye aussi retourna avec l'expédition.

Sékou leur dit également que tout au long de leur chemin, quand ils allaient arrivés à Seebi, de demander au chef de village qui fut un de ses disciples de les accompagner avec ses hommes. Arrivés à Watchi, de demander au chef de village qui fut aussi un de ses disciples de les accompagner avec ses hommes. Arrivés à Tindirma, de demander au chef de village qui fut aussi un de ses disciples de les accompagner avec ses hommes. Arrivés à Koura, de demander au chef de village qui fut aussi un de ses disciples de les accompagner avec ses hommes. Tous ceux-là étaient des vaillants songhays et armas qui étaient des disciples de Sékou Ahmadou et qui lui restèrent fidèles.

L'expédition arriva à Seebi et prit amiirou[9] Seebi et ses hommes. Arrivée à Watchi, amiirou Watchi s'était joint à l'expédition avec ses hommes. Mais, quand l'expédition s'approcha des environs de Tindirma, ils stoppèrent à Dougouraadji, descendirent des montures et envoyèrent seulement deux chevaux à Tindirma pour aller apporter le message de Sékou au chef de village de Tindirma qui avait été intronisé il y avait seulement six mois. Il s'appelait Alkaaya Kaliifa Abdoullaahi Almonsor. Il accepta de participer à l'expédition et confia la gouvernance de Tindirma à son jeune frère Alpha Saalihou Koydjeeno. Ce fut le songhay qui donna le pouvoir à son jeune frère de son vivant et s'en alla au jihad pour la cause de Dieu. A leur arrivée à Koura, le chef de village de Koura lui aussi rallia le groupe avec ses hommes. Ainsi, l'expédition mit le cap sur Djindoodji.

Tous les hommes valides dans toute la région s'étaient ainsi retrouvés dans l'expédition pour participer au jihad pour la cause de Dieu sur demande de Sékou Ahmadou Hammadi Boubou, le saint de Hamdallaahi. Tous les hommes forts de la région avaient répondu à l'appel du saint homme : songhays, armas, kountas, peulhs, sillantchés, tous s'étaient bien serré les ceintures pour le jihad fi-sabirillaahi. Et en fin, Tooya Farrou tomba. Parmi les combattants touaregs, certains, pour sauver leurs vies, avaient accepté de confesser en disant 'Laa ilaaha illa Allahou' et d'ajouter 'Mouhamadou rassoulilaahi' sur l'accélération des coups de fouets. Mais, d'autres, téméraires et obstinés, avaient catégoriquement refusé de confesser et avaient préféré se faire battre à mort en disant 'i ya kaladaga in naak, i ya kaladaga abbaani' jusqu'à dire 'i ya kaladaga ame moutte !' sans jamais se convertir à l'islam.

De son côté, l'expédition avait enregistré d'énormes pertes en vie et beaucoup de blessés, car les touaregs avaient vaillamment combattu et longtemps résisté à l'expédition. A la fin des hostilités, tous les morts de l'expédition avaient été rassemblés et lavés. Les corps d'Ahmadou Soumbour Koola Adoursaye et de Sorbo-N'Taali-Sorbo-Maabo avaient été retrouvés. Les morts ont été enterrés dans un cimetière commun. Ahmadou et Sorbo-N'TaaliSorbo-Maabo avaient été enterrés à l'ouest des cimetières communs, là où se trouve présentement un mausolée en banco. A présent se trouvent à cet endroit des grands arbres touffus tels que des kongos et des doumiers géants dressés du côté de leurs têtes respectives.

«Selon notre observation, vivre pendant deux siècles n'est pas une longue vie, c'est la célébrité qui est vraiment une longue vie. Quelqu'un qui a eu deux cent ans de longévité, s'il

[9] Mot d'origine arabe qui signifie en songhay le chef d'un village, ou chef tout court.

n'est connu de personne, sa longévité est comparable à la durée de vie d'une grossesse avortée. Donc, les noms célèbres vivent toujours longtemps.»

A la fin des combats, hommes et femmes, petits et vieux furent conduits de Tooya Farrou à Hamdallaahi.

Quand l'expédition était en route pour Hamdallaahi, au cours du chemin naquit Fondo Goumo, l'héritier d'Achirine. Il tenait son nom du fait qu'il naquit en cours de route de Tombouctou Tooya Farrou à Hamdallaahi. Après la mort de Fondo Goumo, son fils Sobbo lui succéda à la tête de la chefferie. Après la mort de Sobbo, son fils Adeli Sobbo acceda au trône de l'Amenokal.

Les combattants touaregs furent donc conduits à Hamdallaahi. Ils furent convertis à l'islam. On leur avait appris à prier convenablement et à lire le Coran. Ensuite, comme c'était des vaillants guerriers, ils intégrèrent les rangs des hommes qui partaient faire le jihad et convertir d'autres peuples encore hostiles à l'islam.

Le déclin de Hamdallaahi et la colonisation française du Soudan occidental

La puissance de Hamdallaahi se renforça davantage avec la conversion et l'intégration des combattants touaregs dans les rangs des hommes armés du saint homme Sékou Ahmadou Hammadi Boubou. Les touaregs savaient se battre. Ils combattaient courageusement et ne reculaient devant rien. Ils étaient les plus habiles dans l'art du combat à la main et savaient manipuler l'épée plus que tout le monde dans la région.

Suite à leur conversion, il y avait eu parmi eux beaucoup de marabouts et beaucoup d'oulémas. Le saint homme Sékou Ahmadou, Dieu lui avait attribué un don spécial, il avait le pouvoir de présager les événements. Alors, un jour, il réunit tous les combattants touaregs et leur dit :

- Si la Diina de Hamdallaahi arrivait à disparaitre, allez-vous racketter encore les pauvres gens sans défense ?

Ils répondirent qu'ils n'allaient jamais faire ce crime odieux.

Sékou leur demanda ensuite :

- Dans toute la région, où exactement voulez-vous vous installer ?

Ils répondirent qu'ils ne voulaient s'installer nulle part si ce n'était sur leur propre site d'où ils étaient venus : de Kabara-Tombouctou à Kabara-Farma, c'était là leur territoire. De Kabara-Tombouctou à Kabara-Farma, toutes les terres dans cette zone délimitée par Sékou Ahmadou leur appartenaient. Ils pouvaient y faire tout ce qu'ils voulaient. Mais, ils n'avaient aucune influence au delà de cette zone. Sékou dit qu'il allait leur donner du bétail, et leur délivrer une note d'appropriation qui leur donnait le droit de propriétaire des terres dans la dite zone. Mais, en retour, Sékou leur avait exigé de lui promettre de ne plus jamais pratiquer l'esclavage en capturant des pauvres gens sans défense et les réduire à la servitude ou les vendre comme des bestiaux. Ils avaient promis à Sékou de ne plus jamais vendre un être humain à présent qu'ils étaient convertis à l'islam et avaient appris le Coran. Pour sceller cette promesse, Sékou leur exigea de le jurer et de le noter par écrit. Ils avaient juré à Sékou de ne plus vendre aucun être humain sur cette terre, et avaient noté cela par écrit vérifiable à présent dans les tarikhs et chroniques de la région.

Ils retournèrent sur leur site d'antan.

Quelques temps après, Sékou Ahmadou mourut. Son fils Ahmadou Sékou le remplaça à la tête de la Diina. Quand Ahmadou Sékou mourut, son fils Ahmadou Ahmadou prit les rênes de la Diina. Ce fut sous le règne d'Ahmadou Ahmadou qu'El hadj Omar Tall du Fouta vint détruire Hamdallaahi. Le Fouta s'empara de Ségou et de Bandiagara dans la partie sud du Soudan. Les touaregs, de leur côté, ne voyant plus personne qui pouvait leur tenir tête dans le grand Sahara au nord de la boucle du fleuve Niger, s'étaient vite fait maîtres de ces lieux désertiques en écrasant toute résistance locale à leur hégémonie. Ils reprirent alors leur pratique esclavagiste d'antan, capturant les voyageurs solitaires et les personnes sans défense importante qu'ils partaient vendre ailleurs. S'ils rencontraient un sorko seul avec sa femme en brousse, ils allaient vendre la femme à Gao, et l'homme à Bamako.

S'ils capturaient un peulh avec son troupeau, ils s'appropriaient le bétail, puis ils allaient vendre la femme à Mopti, et l'homme à Tombouctou. Et pourtant, ils avaient signé devant le saint homme de Hamdallaahi un pacte de non-agression et de cohabitation paisible avec tous les autres groupes sociaux de la région. Dans le pacte, ils avaient juré de plus vendre aucun individu libre et sans défense, et le jour où ils allaient enfreindre à ce pacte juré, que Dieu fasse venir dans la région une autre race d'individus différente de leur race qui allait les évincer de leur hégémonie et les disgracier.

Et Dieu qui entend tout a entendu leur prière et a fait venir le blanc colonisateur (toubabou). Le toubabou avait conquis la région à l'aide de son arme à feu. L'arme à feu est aussi rapide que l'éclair et atteint sa cible avec promptitude. Si quelqu'un qui a été visé par une arme à feu dit qu'il a seulement entendu le bruit du coup, c'est que l'arme l'a raté. Celui qui est atteint par une arme à feu ne pouvait pas entendre son bruit. Si tu as entendu le bruit, c'est que l'arme t'a complètement raté. Le blanc avait donc conquis le pays par son arme à feu. La première automobile qu'il utilisait était la charrette. Cette charrette était tirée par des chevaux et elle avait des roues métalliques. A l'époque, il n'y avait pas de montre ni de lunettes encore moins d'installations électriques.

De l'époque de ce jihad à nos jours, notre pays le Soudan a connu cinq systèmes d'administration :

La Diina de Sékou Ahmadou Hammadi Boubou à Hamdallaahi.

Après la Diina, les touaregs devinrent maîtres du désert au nord de la boucle du Niger.

Le Fouta a succédé à l'hégémonie touareg.

La colonisation Française a succédé au Fouta du sud au nord du Soudan.

La République du Mali a succédé à la colonie du Soudan Occidental Français.

Donc, ce sont ces cinq formes d'autorité qui se sont succédé dans notre pays de l'époque où avait eu lieu le jihad à Tooya Farrou à nos jours pour conduire les affaires publiques.

Ainsi prend fin le récit d'Ahmadou Soumbour Koola Adoursaye et le jihad de Tooya Farrou que Mahamane Tindirma vous a raconté.

NOTES SUR LE CONTEUR MAHAMANE TINDIRMA

1. Qui est Mahamane Tindirma?

Dans la boucle du Niger, à la frontière entre le Mali sahélien et les dunes du sable Saharien, sur la rive gauche du fleuve, entre Tonka (sous préfecture de Goundam) et Diré, se dresse un village célèbre dans l'histoire pour avoir accueilli sur son sol des juifs chassés de la péninsule ibérique vers le VIIème siècle. Ce village s'appelle Tindirma. Fondé par les songhays bien avant l'avènement de l'islam, Tindirma est le premier et le plus ancien village, avec Arham, de toutes les villes et villages de l'actuelle région de Tombouctou. Il fut jadis la capitale provinciale de l'ouest du glorieux et très puissant empire Songhay sous lequel Tindirma avait un 'Koy' (gouverneur) appelé Tindirmakoy à l'instar de toutes les provinces de l'empire. Sous le règne de l'Askia Mohamed (Alhaji Mahamane Asikiya), on peut noter les exploits du Tindirmakoy de l'époque, Amar Kamandjaama, célèbre pour ses expéditions punitives dans l'ouest de l'empire. Il faut aussi noter que, pendant les premières ères de la colonisation, le sol de Tindirma n'avait pas pu être foulé par le colon français qui se contentait seulement d'y envoyer un émissaire local à partir de Goundam. Idem pour Arham. Aujourd'hui, le nom de ce village est lié à celui d'un homme, Mahamane Tindirma (paix à son âme !), c'est-à-dire 'Mahamane de Tindirma'.

Mahamane Tindirma ! Voilà un homme qui n'évoque pas grandchose dans l'univers culturel d'une grande partie de la population du Mali. Pourtant, ce 'causeur' sonrhaï a porté haut le flambeau de la culture de la boucle du Niger par une œuvre gigantesque dont se souviennent toujours bon nombre des 'koyraboros' ou 'issaboros', vocables désignant les populations sédentaires riveraines de la partie septentrionale du Mali.

Vous l'avez sûrement deviné, ce Mahamane Tindirma est un conteur songhay, ou sonrhaï (ou koyraboro), ou mieux encore un maître de la parole songhay, ou koyra chıını, le dıalecte parlé dans la région de Tombouctou. Mais, Mahamane Tindirma n'est pourtant pas un griot ou un homme de caste comme on s'y attendait. Il est noble, son vrai nom est Mahamane Kantao.

Il est venu à la parole, nous dit-il, par la volonté de Dieu. Jeune paysan se livrant à la pêche, il ramait une nuit sur le fleuve Niger, quand il vit soudain sur la berge des silhouettes assises au tour d'un feu de bois. Grelottant de froid, il accosta et s'approcha du groupe dans l'espoir de se réchauffer un peu. Ensuite, il ne se rappelait seulement que du 'Salaamou aley koum' qu'il leur adressa. Il sombra dans l'inconscience et lorsqu'il se réveilla le lendemain matin, il était tout seul et ne pouvait plus parler. Un mois, il ne pouvait se nourrir d'aliment cuit. Il n'acceptait et ne pouvait supporter que de la poudre de céréale (bita) diluée dans du lait frais ou caillé, la langue lui étant toujours 'confisquée'. C'était donc à une assemblée de djinns qu'il s'était par méprise adressé. Mais, heureusement pour lui, ceux-ci n'étaient pas des plus méchants et finirent même par l'adopter. Car, durant tout le temps où il était sujet à cette 'maladie', il continuait à converser avec ses nouveaux amis les djinns. 'Ce sont eux qui me racontèrent tout ce que je dis aujourd'hui dans les cassettes', nous affirme- t-il. Ses nouveaux amis lui recommandèrent également de se confectionner une petite guitare monocorde appelée 'koubour' dont il allait avoir besoin plus tard. C'était un des ses oncles qui, apprenant qu'il était possédé par les djinns, vint le délivrer.

Passant pour être celui qui connait les noms de toutes les mares où résident des djinns, Mahamane Tindirma prit l'habitude de faire leur apologie au cours des danses de possession ou 'hollo-horays'. Mais la fréquentation, par trop, lui-dit-on, de ces hollo-horays' risquait de le remettre, et cette fois-ci pou toujours, entre les mains des djinns. Prenant alors peur, il abandonna cette pratique dangereuse et se mit à raconter des histoires. De son village natal Tindirma, la renommée de Mahamane Tindirma déploya bientôt des ailes. Des séances de récitals circonstancielles (mariages, baptême, circoncision), il commença à voyager, sollicité qu'il était partout dans la boucle du Niger.

Puis, les cassettes où il entreprit d'enregistrer ses histoires se multiplièrent grâce au soutien de son ami et 'producteur' Samba Afo Mahamane Galo. 'Personne ne me les a apprises, je n'ai eu ces histoires ni de mon père, ni de ma mère, elles me viennent comme ça, sous une inspiration subite', affirme-t-il. Et il ajoute : 'voyez-vous, les mystères de la vie sont innombrables et chaque homme, sur cette terre, est destiné à quelque chose qui le dépasse'.

Devrions-nous prendre ces propos comme parole d'Evangile ou y voir le désir d'envelopper un talent inné de 'parleur' par un zeste de mystère? La question de l'origine humaine ou non de ces contes, de ses contes plutôt, n'est assurément pas la plus importante. Et comme derrière tout bon conteur se cache un voleur de contes… Les fables de la Fontaine lui avaient été racontées par un conteur d'origine africaine. Les contes de Birago Diop sont des contes populaires africains.

2. L'œuvre de Mahamane Tindirma

Décédé en 1993 des suites d'une longue maladie, Mahamane

Tindirma, paix à son âme, n'est plus à présenter, car, grâce à ses nombreux contes et récits bien articulés dans une langue songhay authentique et sans mélange (l'homme n'a jamais été à l'école du blanc), ce grand orateur très éloquent et grand connaisseur de l'histoire du pays est connu partout dans les communautés songhayphones du Mali, du Niger, du Sénégal, du Ghana, du Benin et ailleurs.

Ainsi, l'œuvre gigantesque de Mahamane est aussi riche que variée : en plus de nombreux contes et récits courts sur les animaux, les djinns et autres créatures, on peut noter d'intéressantes histoires et événements réels comme par exemple les histoires de Maka Booté, Féto Oolé, Hambodédjo, Djalaadjo et Boubou Ardo Galo, Faatuma Ardo, Hammadi Sina, Haaruna Diarra, Fanta Araabo, Kolikoli, Deera, Hammadi Mosor, Teera Hamma Kaasi, Alhaji Seeku Oumar Tijaani, Oumar Well de Bandiagara, Djibo, l'histoire de la Dina de Sékou Aamadou Hammadi Buubu de Hamdallaahi, la bataille de Tooya Farrou près de Tombouctou, le récit du fameux pèlerinage d'Askia Mohamed et tant d'autres.

La plupart de ces récits sont en réalité des histoires 'croyables' puisque ce sont des événements contemporains situés dans le temps et l'espace, connus et vécus de bon nombre de la population locale. Ces récits ont été pour la plupart écrits et conservés en langue arabe dans des manuscrits des marabouts et lettrés de la place. Mais, d'autres récits ont survécu grâce à la tradition orale entretenue et perpétuée par des grandes familles de griots issues de diverses sociétés africaines. Il faut aussi noter le rôle de la musique traditionnelle africaine comme grand réservoir et 'mémorialiste' des récits et grands événements du passé. Ainsi, pour citer un seul exemple parmi tant d'autres, on peut noter la chanson 'Sassila bama' chantée par le célèbre griot malien Abdoulaye Diabaté, qui est un récit qui relate l'exploit héroïque d'un chasseur Zankè qui, venu de Niamina, délivra les habitants de Sassila de l'anthropophagie d'un homme-caïman. La chanson 'Tamala' évoque les noms des souverains songhays et leurs exploits. Le récit de Bakary Djan et de Bilisi est connu grace au talent des musiciens et chanteurs.

Cependant, ce qui indubitablement constitue le chef-d'œuvre de Mahamane Tindirma ce sont ses 'histoires de djinns' dans lesquelles il parle ou plutôt innove un langage inédit et méconnu des humains, la 'langue des djinns', dit-il, un vocabulaire impressionnant qui ne tient d'aucune de nos langues ou dialectes de la place, comme :

Beyti n'togo, beyti n'kuuri n'togo ! Beyti

n'togo, beyti n'deera n'togo !

beyti n'togo, beyti n'kelimaatiyan n'togo !

Ou encore :

Souti saafirinte goungo loysouroungou moomadiyon n'fanaa !

Ses contes et récits constituent à la fois une école et une grande bibliothèque. Les auditeurs de Mahamane Adjendjina ont beaucoup appris de lui et continuent d'apprendre en l'écoutant. Car, Mahamane ne fait pas que les égayer par son humour et son art de parler avec un euphémisme remarquable, ou ses propos de «paroles de djinn». Il contribue aussi à l'éducation et à l'instruction de son audience par ses conseils très pratiques, la pertinence des proverbes et adages populaires, exprimés dans un langage accessible à travers les traits caractéristiques de ses personnages de contes, ou d'histoire et événements réels du passé. Cet héritage culturel et linguistiquement très riche qu'il nous a légué mérite donc d'être préservé et conservé comme patrimoine culturel national.

Dr Ibrahima ABDOULAYE, Enseignant-Chercheur au DER-Anglais, FLSL/ULSHB.

MIX
Papier aus verantwortungsvollen Quellen
Paper from responsible sources
FSC® C105338

Printed by Books on Demand GmbH, Norderstedt / Germany